Regina Stephan

Schloß Favorite
in Ludwigsburg

**Süddeutsche
Verlagsgesellschaft
Ulm**

Bildnachweis

Schloßverwaltung Ludwigsburg: S. 3 (Stuttgarter Luftbild Elsässer GmbH)
Landesbildstelle Württemberg: S. 4 oben
Staatliche Schlösser und Gärten, Oberfinanzdirektion Stuttgart/Schloßverwaltung Ludwigsburg: S. 4 Mitte, S. 6 (Marco Schneiders, Lindau), S. 10 (Wacker Ludwigsburg), S. 13, S. 30 (Württembergisches Landesmuseum, Stuttgart), S. 17 (Sandig, Leipzig), S. 20, S. 33 (Jeiter, Aachen), S. 24, S. 29, S. 32 oben (unbekannt)
Württembergisches Landesmuseum, Stuttgart: S. 4 unten, S. 5, S. 13, S. 12, S. 30 unten
Kopie aus: Sedlmayr, J. B. Fischer v. Erlach: S. 7 links
Staatliches Hochbauamt Ludwigsburg: S. 7 rechts, S. 11
Metropolitan Museum of Art, New York: S. 8
Staatliche Schlösser und Gärten, Oberfinanzdirektion Stuttgart (Landesbildstelle Baden, Steffen Hauswirth): S. 14, S. 18, S. 19, S. 21, S. 22, S. 23, S. 24, S. 25, S. 26, S. 27, S. 28, S. 29, S. 30, S. 31, S. 32
Kat. Slg. des Jagdschlosses Favorite, 1919: S. 15

Herausgegeben in Zusammenarbeit mit der Oberfinanzdirektion Stuttgart und der Staatsanzeiger für Baden-Württemberg GmbH

CIP-Titelaufnahme der Deutschen Bibliothek
Schloss Favorite in Ludwigsburg / hrsg. von der Verwaltung der Staatlichen Schlösser und Gärten Baden-Württemberg. Regina Stephan. [Hrsg. in Zusammenarbeit mit der Oberfinanzdirektion Stuttgart und der Staatsanzeiger für Baden-Württemberg GmbH]. – Ulm : Süddeutsche Verlagsgesellschaft Ulm, 1997
ISBN 3-88294-241-X

Umschlaggestaltung: Design und mehr... Stuttgart
nach einer Konzeption von Stankowski und Duschek,
Grafisches Atelier, Stuttgart

Satz: Süddeutsche Verlagsgesellschaft Ulm
Repro: Süddeutsche Verlagsgesellschaft Ulm,
       repropoint, Vöhringen
Druck: Süddeutsche Verlagsgesellschaft Ulm
Bindearbeiten: Großbuchbinderei Thalhofer, Schönaich

Die Geschichte der Schloß- und Gartenanlage Ludwigsburg

Das Lustschloß Favorite beeindruckt schon von weitem durch seine lebhafte Farbigkeit, seine reich bewegte Silhouette und seine prächtige skulpturale Ausstattung. Es gehört zur Schloß- und Gartenanlage der württembergischen Herzöge und Könige in Ludwigsburg. Im beginnenden 18. Jahrhundert waren dergleichen Lustschlösser ein unabdingbarer Bestandteil des baulichen Repertoires fürstlicher Residenzen. Sie boten den in der strengen Etikette eingebundenen Mitgliedern des Hofes einen Raum, in dem sie sich etwas freier und ungezwungener bewegen konnten. Hierher kam man, um zu feiern, zu jagen oder in kleinem Kreis zu dinieren.
Schloß Favorite wurde 1716–1719 auf der Kuppe eines sanften Hügels inmitten des herzoglichen Fasanengartens errichtet. Seine Gestaltung, seine geographische Lage und die am Bau beteiligten Künstler und Handwerker verbinden es eng mit dem Hauptschloß Ludwigsburg. Es war das Lustschloß, in dem intime Festlichkeiten des württembergischen Herzogs ausgerichtet werden konnten, wurde jedoch zu keiner Zeit

Luftaufnahme der Schloß- und Gartenanlage Ludwigsburg mit Schloß Favorite im Vordergrund.
Das zwischen beiden liegende Tal war ursprünglich wesentlich steiler und mit terrassierten Gärten angelegt. Dies steigerte die prachtvolle Wirkung der aufeinander bezogenen Schlösser. Schloß Favorite diente zur Erbauungszeit sowohl als „Belvedere", als Aussichtsplattform, von der aus man die schöne Aussicht auf Schloß und Garten genießen konnte, als auch als „Point de vue", als Blickpunkt, für die Räume des Alten Corps de Logis.

Ferdinand Stenglin (?). Johanna Elisabeth, Herzogin von Württemberg, um 1725

Antoine Pesne. Herzog Eberhard Ludwig von Württemberg, 1731

C. E. v. Quitter. Wilhelmine von Grävenitz (?), 1721

bewohnt und war dementsprechend auch nie zum Wohnen eingerichtet. Trotz jahrzehntelanger Vernachlässigung schon zu herzoglichen Zeiten und eingreifender Umgestaltungen des Inneren und Äußeren unter Herzog Friedrich II. ist es noch heute ein Paradebeispiel süddeutscher Lustschloßarchitektur des 18. Jahrhunderts.

Die Geschichte Ludwigsburgs beginnt im Jahr 1704, als Eberhard Ludwig, seit 1693 Herzog von Württemberg, den Auftrag gab, auf einem im Pfälzischen Erbfolgekrieg verwüsteten Gelände oberhalb des Neckars ein Jagdschloß zu errichten. In den folgenden 29 Jahren bis zu seinem Tod 1733 entwickelte sich daraus eine der größten barocken Schloßanlagen Deutschlands. Zunächst hatte der Herzog das Jagdschloß nur für kurze Aufenthalte mit kleinem Hofstaat nutzen wollen. Diese Absicht änderte sich jedoch bald. Auslösend hierfür dürfte das gestörte Verhältnis des Herzogs zu seiner Gemahlin, Herzogin Johanna Elisabeth, und seine 1707 geschlossene morganatische Ehe mit Wilhelmine von Grävenitz gewesen sein. Diese Doppelehe wurde zwar auf Druck Kaiser Josephs I. 1708 für ungültig erklärt, zeigt aber die Bedeutung der Mätresse für den Herzog. Erst 1731, nach einem vierundzwanzigjährigen eheähnlichen Verhältnis, kam es aufgrund von dynastischen Überlegungen – der Erbprinz war 1731 gestorben – zur Versöhnung mit der Herzogin.

Die Beziehung zu Wilhelmine von Grävenitz dürfte der Grund sein, weshalb es Eberhard Ludwig bevorzugte, abseits des Stuttgarter Hofes zu residieren. Hierfür ließ er 1712–15 das Jagdschloß zu einer Dreiflügelanlage erweitern. Ab 1715 wurde es schließlich zum neuen Residenzschloß des württembergischen Herzogs ausgebaut. Für die Unterbringung des umfangreichen Hofstaats mußten nun alle die Räume, die für eine fürstliche Hofhaltung notwendig waren, hinzugefügt werden: Kavalierbauten, Kapelle, Theater, Ahnen- und Bildergalerie, Festinbau und schließlich ab 1724 das Neue Corps de Logis, der große Schloßflügel, der die Gesamtanlage nach Süden abschließt und die Räume für die Wohnung des Herzogs enthält. Zudem wurde 1709 die Stadt Ludwigsburg gegründet, die 1718 Stuttgart in der Rolle als erste Residenz des Herzogs ablöste.

Die Errichtung und Ausstattung unter Herzog Eberhard Ludwig von Württemberg

Nachdem Herzog Eberhard Ludwig die große Erweiterung zur ersten Residenz angeordnet hatte war offensichtlich, daß der Fürstenbau nicht mehr als Jagd- und Lustschloß dienen konnte. Er gab deshalb den Auftrag, ein neues Lustschloß zu errichten. Hierfür wurde ein Standort ausgewählt, der die zukünftigen Aufgaben als Schauplatz höfischer Jagden und intimer Feste in idealer Weise zu erfüllen versprach: der Fasanengarten, der in unmittelbarer Nähe des Hauptschlosses bereits bestand und in dem Fasanen und anderes Wild für die herzogliche Jagd gehalten wurden.

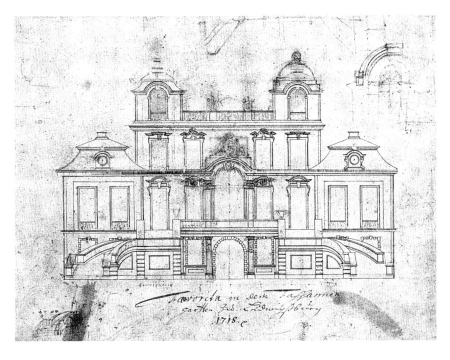

Donato Giuseppe Frisoni. Federzeichnung der Hauptfront, 1718

Nach dem überraschend frühen Tod Johann Friedrich Nettes, der die Ludwigsburger Bauarbeiten von 1706–1714 geleitet hatte, wurde Donato Giuseppe Frisoni im März 1715 mit der Leitung des Bauwesens betraut. Er legte im Juli 1715 den Entwurf für das neue Lustschloß und Kostenvoranschläge für seine Ausführung vor und erhielt im September desselben Jahres den Auftrag, den Bauplatz abzustecken. 1716 und 1717 wurde der Rohbau durch den Bauunternehmer Paolo Retti, einen Neffen Frisonis, und weitere Handwerker ausgeführt. Sie waren alle auch am Ausbau des Hauptschlosses tätig. 1718 bis 1719 wurde am Innenausbau gearbeitet. Im Mai 1720 diente das Lustschloß bereits als Kulisse für einen „Lust-Streit", ein abendliches heiteres Singspiel.

Über die Vorstellungen Frisonis für das Ludwigsburger Residenzschloß gibt sein 1727 publiziertes Stichwerk „Vues de la Résidence ducale à Louisbourg..." Auskunft. Auf insgesamt 19 Kupferstichen zeigt es die Entwürfe Frisonis für die Erweiterung der Schloßanlage nach den großartigen Planungen des Jahres 1721. Sie wurden nur teilweise realisiert.

Donato Giuseppe Frisoni. „Perspektivischer Aufzug der Fürstlichen Favoritten im Fasanengartten", 1727

Schloß Favorite ist auf mehreren Blättern der Stichfolge abgebildet. Es ist stets als ein rechteckiges, mit einer Plattform abgeschlossenes Gebäude gezeigt, an dessen Ecken vier Pavillons angebaut sind. Die Ecken der Plattform überragen vier niedrige Türmchen. Es steht in der Mitte eines weiten Platzes, an dessen Rand eingeschossige Pavillons vorgesehen sind. Diese wurden nie gebaut, obgleich einzelne Elemente dafür noch angefertigt wurden. Als der Zeitpunkt für ihre Ausführung gekommen war, mußten alle Mittel auf die Vollendung des Hauptschlosses Ludwigsburg verwandt werden.

Die Bauarbeiten in Ludwigsburg wurden zu Zeiten Herzog Eberhard Ludwigs von oberitalienischen Künstlern dominiert. Der Herzog hatte sie aus Prag, Wien und Salzburg nach Württemberg berufen und damit deutlich vor Augen geführt, welchem der führenden Höfe Europas er zuneigte: Wien oder Versailles. Die Italiener stammten fast alle aus dem oberitalienischen Laino im Val d'Intelvi, zwischen dem Luganer und dem Comer See gelegen. Sie waren miteinander teilweise eng verwandt und vermochten es, die heimischen Baumeister, Künstler und Handwerker fast völlig zu verdrängen. Württemberg war allerdings nach den schlimmen Jahren des Pfälzer Erbfolgekrieges ausgezehrt, seine künstlerischen Kräfte geschwächt. Die italienischen Künstler hatten zuvor mit bedeutenden Barockarchitekten wie den dominierenden Wiener Architekten Johann Bernhard Fischer von Erlach und Lukas von Hildebrandt und den in Prag tätigen Johann Santini-Aichel, Giovanni Alliprandi und Domenico Martinelli zusammengearbeitet. Ihre Kenntnisse der neuen Stilformen flossen nun in die Gestaltung des Lustschlößchens ein.

Für die Gesamtgestaltung des Schlößchens gibt es in Wien in dem von Johann Bernhard Fischer von Erlach errichteten Gartenpalais Schlick-Eckardt ein direktes Vorbild. Es wurde 1690–92 in der Josephsstadt errichtet und weist in Grund- und Aufrißdisposition so zahlreiche Ähnlichkeiten auf, daß man davon ausgehen muß, daß es Frisoni vor Augen stand, als er die Favorite entwarf. Frisoni hatte eine Zeitlang in Wien gewohnt und kannte es gewiß aus eigener Anschauung.

Links: Johann Bernhard Fischer von Erlach. Grundriß der Beletage des Gartenpalais Schlick-Eckardt in der Josephsstadt in Wien, 1690–92.
Rechts: Donato Giuseppe Frisoni, Schloß Favorite in Ludwigsburg, Grundriß der Beletage, 1716–1719 (Zeichnung 1969)

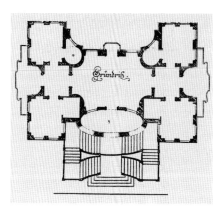
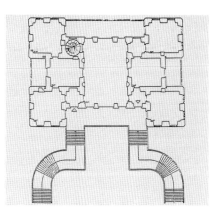

Während das Äußere der Favorite heute wieder in einer dem ursprünglichen Aussehen entsprechenden farblichen Fassung gestaltet ist, sind die Innenräume im wesentlichen das Produkt späterer Zeiten. Ihre Gestaltung unter Frisoni kann jedoch anhand der Bauakten sehr gut nachvollzogen werden. Für den großen Festsaal in der Mitte des Schlosses gibt es zudem im Metropolitan Museum, New York, eine schön kolorierte Federzeichnung Frisonis. Sie ist ein wichtiges Zeugnis für die Gestaltung des Saals unter Frisonis Leitung. Die Wände des Saals

Donato Giuseppe Frisoni. Zeichnung des Saals in der Favorite, 1718

waren mit fünf Meter hohen Pilastern aus Stuckmarmor gegliedert, zwischen denen die hohen Türen, die großen Wandspiegel und vier offenen Kamine eingebaut waren. Lebensgroße Stuckfiguren, Allegorien der Künste und Wissenschaften, saßen auf den Gesimsen der Kamine. Über dem abschließenden Gebälk öffneten sich die Musikerlogen, aus denen bei den Festlichkeiten des Herzogs die Musik unsichtbar den Raum erfüllen konnte. Der Saal wurde mit einer Spiegeldecke abgeschlossen, die mit einem großen Gemälde geschmückt war: Sein Thema war laut

Rechnung des Malers „die Rüstung der Diana zur Jagd". Es war gerahmt von einer in Freskotechnik gefertigten illusionistischen Architekturmalerei, lebensgroßen Figuren und Basreliefs.[1] Die Künstler waren dieselben, die auch im Hauptschloß tätig waren: Antonio Corbellini fertigte die Stuckmarmorarbeiten der Pilaster, Luca Antonio Colomba das Deckengemälde, Diego Francesco Carlone die Stuckfiguren. Bereits 1731 wurde die Pracht des Saales durch das Entfernen der Spiegel reduziert, die im Neuen Corps de Logis gebraucht wurden. Sie wurden durch Darstellungen von „schönem Federvieh" ersetzt, die Livio Retti auf die von den Spiegelrahmen umgebenen Flächen aufmalte.[2] Die anderen Räume der ersten Etage wurden mit Deckengemälden von Luca Antonio Colomba ausgestattet, deren Thema "historien zu allen Dinung der Jägerey" waren.[3] Riccardo Retti stuckierte sie in "sauber französischer Arbeit".[4] Darunter ist in dieser Zeit ein zierlicher Bandwerkstuck zu verstehen, der in Frankreich zur Zeit des Régence gebräuchlich war. Er ist in einem Raum des Schlosses noch erhalten. Über die Möblierung des Schlosses zur Zeit Herzog Eberhard Ludwigs ist nur wenig überliefert. Es ist anzunehmen, daß sie zurückhaltend war, da das Schloß zu keinem Zeitpunkt bewohnt wurde. Aus dem Jahr 1723 ist eine Rechnung des Hofjuden Lewin überliefert, der für den großen Saal grünes Tuch und grünen Samt lieferte.[5] 1731 wurden auch die übrigen Räume der ersten Etage mit Vorhängen ausgestattet, wofür französischer Taft ausgewählt wurde.

---

[1] Regina Weber. Das Lustschlößchen Favorite in Ludwigsburg. MA München 1987, S. 42.
[2] Klaus Merten. Schloß Favorite in Ludwigsburg. In: Ludwigsburger Geschichtsblätter 34, 1982, S.12.
[3] HStA Stuttgart, A 248 Bü 2253, 14.5.1718, Überschlag des Malers Antonio Colomba.
[4] Weber, a.a.O. S. 45.
[5] HStA Stgt, A 6 Bü 81.

Nutzung und Umgestaltung unter den Herzögen Carl Eugen und Friedrich II. von Württemberg

Antoine Pesne. Herzog Carl Eugen von Württemberg, 1744

Nach dem Tod Herzog Eberhard Ludwigs 1733 wurde es still in der Favorite. Erst unter Herzog Carl Eugen wurden nach 1744 wieder verstärkt Festlichkeiten in dem Lustschlößchen veranstaltet. Zunächst ließ Herzog Carl Eugen, der als sechzehnjähriger die Regierung übernahm, 1745/46 den Terrassengarten vor der Nordfront des Fürstenbaus auffüllen und die noch heute bestehende Planie anlegen, um die Verbindung mit der Favorite zu verbessern.

Anläßlich seiner Vermählung mit Elisabeth Friederike von Brandenburg-Bayreuth 1748 wurden mehrwöchige Festlichkeiten veranstaltet, bei denen auch die Favorite eine wichtige Rolle übernahm: Am Nachmittag des 9. Oktober nahmen der 20jährige Herzog und seine 16jährige Gemahlin eine prachtvolle Parade der württembergischen Infanterie ab.[6]

„Gegen Abend kehrten die Hochfürstl. Herrschaften mit Dero sämtlichem Gefolge wieder in das Schloß zurück, und sahen darauf aus dem Garde-Saal des Fürstlichen alten Corps de Logis, die in dem Fasanen-Garten, an der Fürstlichen Favorite zubereitete schöne Illumination, und das davor placierte Feuerwerck... und zwar ware die ganze Gegend des Fasanen-Gartens durch viele tausend Ampeln beleuchtet. Oben auf der Altanen in der Mitte, brannten die beede Hochfürstliche Namen CF unter einem Fürsten=Hut, und auf denen beeden Steegen=Galerien besagter Favorite sahe man wiederum die mit Fürsten=Hüten oben bedeckte Hochfürstl. Namen C. und F. jeden besonders, in blauem, rothem und weissem Feuer brennen; ... Das Feuerwerck ... nahme gegen 8 Uhr seinen Anfang, mit etlich und 20 Kanonen, die gegen alle vier Seiten losgefeuert wurden." Darauf folgten u.a. 80 Lust=Kugeln, 2 zwölf=pfündige, 2 Neun=pfündige, 2 Sechs=pfündige Racketen, „300 andere Racketen von unterschiedlicher Art", 24 Feuer=Räder, 6 Pfauen=Schwänz, 2100 Raketen, 24 Umläufer, 4 „Girandols oder Feuer=Pfeile", 24 „Cannen=Rohr", 24 „Bom-

Wolfgang Dietrich Majer. Herzogin Elisabeth Sophie Friederike von Württemberg, um 1745

[6] Wilhelm Friedrich Schönhaar. Ausführliche Beschreibung des zu Bayreuth im September 1748 vorgegangenen Hoch-Fürstlichen Beylagers... Stuttgart 1749. Schilderung des „Lust-Feuerwerks" auf den Seiten 71–72, Illustration Tafel 2 und 3.

ben=Rohr, mit ausfahrenden schwermern", „36 Bienenkörbe". Am Ende feuerte man 1200 Raketen „auf einmal. Und endlich wieder etlich und 20 Canonen zum Beschluß. Nach geendigtem Feuerwerck erhoben Sich Gnädigste Hohe Herrschaften mit dem ganzen Hof in den ovalen Saal, und speißten alldort en publique, an einer Tafel von 30 Couverts, die mit 36 Speisen und 18 Schaalen besetzt waren..."

Kleinere Umgestaltungen veranlaßte Herzog Carl Eugen in den 1750er Jahren. Zunächst ließ er 1750 die Fasanerie in das westlich der Stadt liegende Osterholz verlegen und im Favoritepark eine Kolonie weißer Hirsche ansiedeln. Im Innern des Schlößchens wurde die durch Frisoni bereits angelegte Küche eingerichtet. Das südwestliche Eckzimmer sollte eine „Confidenztafel" erhalten, deren Einbau begonnen, aber nicht vollendet wurde. Sie hätte aus einem kleinen, handbetriebenen Aufzug bestanden, mit dessen Hilfe die Diener den gedeckten Tisch aus dem Erdgeschoß ins Obergeschoß hätten hochfahren kön-

„Lustfeuerwerk zu Ludwigsburg anno 1748 den 9. Oktober gehalten worden"

nen. Confidenztafeln waren im 18. Jahrhundert sehr beliebt, ermöglichten sie doch das von keiner Dienerschaft gestörte Speisen. 1757 wurde anstelle des Rondells um das Schloß ein weites achteckiges Boskett angelegt, das in seinen Grundzügen noch heute erkennbar ist.

Seit Mitte der sechziger Jahre wandte sich der Herzog verstärkt Schloßbauprojekten in Stuttgart und seiner Umgebung zu: Neu errichtet wurden die Schlösser Solitude, Grafeneck, Scharnhausen und Hohenheim, und auch am Neuen Schloß in Stuttgart wurde weitergebaut. In der Ludwigsburger Anlage wurde es nach der Verlegung der

Schloß Favorite auf einem Teller aus der Ludwigsburger Porzellanmanufaktur, ca. 1780

Residenz nach Stuttgart 1775 still, die Bauten und der Garten wurden zunehmend vernachlässigt.

Dies änderte sich völlig, als Herzog Friedrich II., der Neffe Carl Eugens, 1797 die Regierung übernahm. Er ordnete umgehend weitreichende Sanierungen der Anlage an, denn Schloß Favorite war in einem baulich schlechten Zustand.[7] Bereits Anfang 1798 wurde Nikolaus Friedrich Thouret mit den Sanierungs- und Modernisie-

---

[7] HStA Stuttgart, A 19 Bü 1003 „Ludwigsburg Herzogliche Rent Cammer Bau Verwaltung Ludwigsburg Jahrsrechnung von Georgii 1796 bis dahinn 1797".

rungsmaßnahmen beauftragt. Thouret war 1767 als Sohn eines herzoglichen Kammerdieners in Ludwigsburg geboren und von 1778–1788 an der Hohen Carlsschule in Stuttgart zum Maler ausgebildet worden. Nach Studienaufenthalten in Paris und Rom wandte er sich der Architektur zu und diente dem württembergischen Herzog und späteren ersten König Friedrich bis zu dessen Tod 1816 als Hofbaumeister. In dieser Funktion war er an der Neuausstattung der Ludwigsburger Schlösser und des Stuttgarter Neuen Schlosses ebenso maßgeblich beteiligt wie an der Stadtplanung für Stuttgart und der Errichtung wichtiger öffentlicher Bauten in der Residenzstadt. 1797/98 war Thouret in Schloß Hohenheim beschäftigt, wo er Dekorationen in Stuck und Malerei anfertigte. Johann Wolfgang von Goethe, der das Hohenheimer Schloß 1798 besuchte, gefielen sie so gut, daß er vom Herzog die zeitweise Entsendung Thourets nach Weimar erbat. Dort wirkte Thouret bei der Neuausstattung einer Reihe von Räumen des Stadtschlosses mit. Bevor Thouret jedoch nach Weimar abreisen konnte, hatte er die Entwürfe für die Neugestaltung der stark beschädigten und als nicht mehr zeitgemäß empfundenen Innenräume der Favorite anzufertigen. Für deren Ausführung gab er vor seiner Abreise im Mai 1798 den Handwerkern genaue Arbeitsanweisungen. Sie betrafen die Reparaturen der Dachstühle, Decken, Fenster und Böden. Die drei westlichen Zimmer wurden 1798 mit Papiertapeten neu dekoriert.

1799 erfolgte dann die Neuausstattung des Mittelsaales und der drei östlichen Zimmer. In diesen Räumen wurde die barocke Dekoration vollständig entfernt und durch klassizistische Malereien an den Wänden und Stukkaturen an den Decken ersetzt. Der Mittelsaal war in einem besonders schlechten Zustand, wie Thouret im Februar 1799 berichtete:

„Da wegen des üblen Zustands der Deke, welche nicht allein im Gerohre und Vertünchung, sondern auch an mehreren Orten, durch das hereinregnen das Gebälke merklichen Schaden erlitten hat, so ward vor allen Dingen notwendig das beschädigte Gebälke auszubeßern und die verfaulten Rohre durch neue zu ersezzen. Auch ist bereits Hand ans Werk gelegt worden, weil

Herzog Friedrich II. von Württemberg als Erbprinz, englisch um 1790 (Kopie)

Nikolaus Friedrich von Thouret. Selbstbildnis, um 1830

ich durch ein gnädigstes herzogliches Dekret vom Ende Januars zur unverzüglichen Decorierung des Saales und der 3 Zimer nach gnädigst approbierten Zeichnungen zu schreiten, aufgefordert ward. ... Was die Decoration in Stucatur und Quadratur Arbeit des Saals betrifft, so habe ich laut des herzoglichen Gnädigsten Befehls nachgedacht, und glaube selbigen mit nachstehender Anzahl Arbeiter in 4 Monathen also Ende Junius, für die nachstehende Summe nach der gnädigst approbierten Zeichnung herzustellen."[8]

Die drei östlichen Zimmer wurden völlig neu gestaltet. Während die Wände durch Thouret selbst oder seine Mitarbeiter nach seinem Entwurf bemalt wurden, stammen die Entwürfe für die Decken möglicherweise von Hofbildhauer Antonio Isopi.[9] Die Ausführung lag in den Händen der Hofstukkateure Mack, Schweiger und Sägmüller. Der Saal im Erdgeschoß wurde erst im Sommer 1801 ausgemalt und mit Spiegeln und Lüstern ausgestattet.

Favoritepark, künstliche Felsen für Gemsen, 1798

[8] HStA Stuttgart, A 16 Bü 32, 18.2.1799
[9] Annette Köger. Antonio Isopi. Ein römischer Bildhauer am württembergischen Hof. Frankfurt/Main 1996, S. 779–781, äußert diese Vermutung aufgrund stilistischer Vergleiche, die zugehörigen Rechnungen fehlen in den Akten.

Der Saal mit einem Teil der Jagdsammlung des Prinzen August von Württemberg, ca. 1919

Die vermutlich ebenfalls geplante Neugestaltung des Äußeren wurde durch das Übergreifen des Koalitionskrieges auf Württemberg, die Besetzung des Landes durch die Franzosen und die Flucht Herzog Friedrich II. nach Wien und Erlangen verhindert. Anschließend wurden die Residenzschlösser in Stuttgart und Ludwigsburg für den Gebrauch des Herzogs hergerichtet. Für die Favorite fehlte fortan Geld und Personal für Umbauten. Lediglich der Außenanstrich wurde dem veränderten Geschmack angepaßt: Anstelle der leuchtend ockerfarbigen Fassung der Erbauungszeit wurden nun die Wände, Fensterrahmen und Steinmetzarbeiten in weiß-grau Tönen gestrichen. Die Figuren Carlo Ferrettis wurden von den Treppenabsätzen entfernt und durch Vasen ersetzt, die man aus Hohenheim nach Ludwigsburg übertrug.
Der Favoritewald wurde ab 1798 in der Art eines englischen Landschaftsgartens umgestaltet und als Tiergarten genutzt. In diesem siedelte man Damwild und Gemsen an, für die felsenartige Gemäuer angelegt wurden. Eine gerade Allee durch den weitläufigen Favoritepark verbindet das Jagdschloß Favorite mit dem Seeschloß

Monrepos, das ebenfalls unter Friedrich II., dem späteren ersten König von Württemberg, im Innern neu ausgestattet wurde.

Weitere bauliche Veränderungen wurden nicht mehr vorgenommen. Doch wurde das Schloß vielfältig genutzt: Ab 1880 war die über 800 Teile umfassende Jagdsammlung des Prinzen August von Württemberg, eines Onkels König Wilhelms II., in den Räumen der ersten Etage untergebracht. Sie wurde 1919 versteigert.

Nach dem Ende der Monarchie in Württemberg 1918 kamen zahlreiche königliche Schlösser, darunter auch Schloß Favorite, unter die Verwaltung des Staates. Die Favorite stand nach der Versteigerung zunächst leer und diente dann dem Heimatmuseum Ludwigsburg zur Unterbringung und Präsentation seiner Sammlungen. Eine erste Restaurierung wurde 1931 unternommen. Im Zweiten Weltkrieg erlitt das Schloß nur wenige Schäden. Nach ihrer Beseitigung wurde von 1949–1973 die Landesstelle für Naturschutz im Schloß untergebracht. Nach deren Auszug wurde 1976–82 das Schloß umfassend saniert und restauriert. Hierbei wurden die Dachstühle, Decken, Fenster und Böden ebenso wie die farbliche Fassung des Äußeren in einer der ursprünglichen Farbgebung entsprechenden Form wiederhergestellt. Die Dekoration der Schloßräume wurde aufwendig gereinigt, die originalen Tapeten ergänzt, die Stukkaturen und Malereien restauriert. Nach Abschluß der Arbeiten wurden die Räume erstmals in der über 250jährigen Geschichte des Schlößchens dauerhaft möbliert. Für die Ausstellung wurden kostbare Möbel und Ausstattungsstücke des 18. und frühen 19. Jahrhunderts aus dem Bestand der Staatlichen Schlösser und Gärten Württembergs ausgewählt. Sie zeigen eindrucksvoll die hohe Qualität der Ausstattungen in den ehemaligen württembergischen Residenzschlössern und stammen überwiegend aus dem Residenzschloß Ludwigsburg und dem im Zweiten Weltkrieg schwer beschädigten und im Innern modern wiederaufgebauten Neuen Schloß in Stuttgart.

Beschreibung des Schlosses

Schloß Favorite von Süden

Schloß Favorite ist ein freistehender Bau mit einer reich bewegten Silhouette, der auf der Kuppe eines flachen Hügels thront. Seine vielgestaltige Bauform aus Mittelbau mit Belvedere, d.h. der Aussichtsplattform und den sie rahmenden Ecktürmchen, weit ausladender Freitreppe und den seitlichen Pavillons bildet einen äußerst effektvollen Point de vue, Blickpunkt, für das südlich gelegene Residenzschloß Ludwigsburg. Seit der großen Restaurierung der achtziger Jahre des 20. Jahrhunderts erstrahlt das Schloß wieder in seiner barocken Farbigkeit rot-gelb, die nach überlieferten Darstellungen der ursprünglichen farblichen Fassung des 18. Jahrhunderts nachempfunden ist.

Die zum Hauptschloß gerichtete Südfront des Mittelbaus ist am reichsten geschmückt. Ihr ist eine zweiläufige, mehrfach gebrochene Treppe vorgelagert, auf deren Geländer unter Herzog Eberhard Ludwig vier Figuren von der Hand des Hofbildhauers Carlo Ferretti standen, die beim Umbau durch Thouret etwa 1801 entfernt wurden.[10] Die Treppe bildet den ursprünglichen Zugang zum Festsaal, in den man über einen Altan gelangt. Dieser wird im Erdgeschoß von vier Hermenpfeilern getragen, die den tonnen-

[10] HStA Stuttgart, A 248 Bü 2253, 6.5.1719, siehe S. 12.

gewölbten Vorraum für die unter dem Festsaal liegende Sala Terrena stützen. Das Erdgeschoß ist niedriger und schlichter als das Obergeschoß und mit rustizierten Lisenen verziert.
Ganz anders ist die Dekoration der darüberliegenden herrschaftlichen Etage, der Etage noble. Die Fenster sind mit aufwendigen Verdachungen

Die Hermenpfeiler im Erdgeschoß, die Personifikationen der vier Elemente darstellen: von links nach rechts Wasser, Feuer, Luft und Erde.

geschmückt, die erhöhte Mitteltür durchbricht sogar das umlaufende Gesims und auf dem sie bekrönenden Bogen sitzt eine Figurengruppe. Über ihre Deutung gibt eine Rechnung des ausführenden Bildhauers Carlo Ferretti Auskunft. Er schreibt, daß er „auff das vordere Portal 2 große Bilder die Diana und Adona repräsentierend" gefertigt habe, ferner ein Wappenschild zwischen beiden und darüber „ein Kindel ... so den Curhueth halten thut" sowie einen „Hirschkopf anbei".[11] Die dazugehörende Geschichte aus der antiken Mythologie lautet: Die Göttin der Jagd und des Mondes, Diana, liebte den schönen Jüngling Adonis, der auf der Jagd von einem Eber getötet wird. Da sie über diesen Verlust untröstlich ist, erbittet sie von Proserpina, der Göttin der Unterwelt, daß Adonis jedes Jahr

[11] HStA Stuttgart A 248, Bü 2253, 4. 5. 1718.

sechs Monate auf der Erde verbringen darf. Diana und Adonis versinnbildlichen treffend den Charakter der Favorite als Schauplatz von Jagden und Lustbarkeiten.

Die Fenster oberhalb des Hauptgesimses dienen der Belichtung des Saales. Seit dessen Umbau 1799 werden sie allerdings von der tiefer

gehängten Saaldecke überschnitten, wodurch die anfängliche, sehr transparente Wirkung des Mittelbaus etwas gemindert ist. Der Mittelbau wird mit einem Flachdach abgeschlossen, dem Belvedere, das von vier Ecktürmchen mit barocken welschen Hauben gerahmt ist. Von dort oben hat man nicht nur eine reizvolle Aussicht in die schöne Umgebung. Vermutlich wurde die Plattform auch genutzt, um den Jagdfrou den nachzugehen. Die Jagd war sehr wichtiger Bestandteil höfischen Lebens. Für einen Jagdtag hatten die Bauern der Umgebung das Wild auf ein abgestecktes Gelände zu treiben, an dessen Rand die Hofgesellschaft schußbereit stand. Die Stückzahlen erlegten Wildes sind aus diesem Grund teilweise enorm hoch.

Die Gliederung der Nordfront entspricht derjenigen der Südfront. Allerdings fehlen die aufwendigen Verdachungen und die große Treppen-

Carlo Ferretti.
Diana und Adonis über der Mitteltür der Beletage, 1718. Die Kartusche in ihrer Mitte, die ursprünglich wahrscheinlich das herzogliche Wappen zeigte, trägt heute die Initialen König Friedrichs von Württemberg „FR", die dieser nach dem Thouretschen Umbau anbringen ließ.

anlage. Auch sind die ursprünglich über der Mitteltüre angebrachten Figuren nicht mehr vorhanden. Ferretti fertigte auch diese. Er berichtet darüber: „Auff das hindere Portal an solchem Lusthauß solle verferttiget werden 1 großes Schild mit Ihro Durchlt alß Herzogsnahmen und einer Krone, auf der Seiten ein Caraff mit Blumen von zwei Kindel so den Schild halten." Hinzu kam eine weitere Darstellung eines „Hirschbretts".[13] Dieser Schmuck wurde vermutlich ebenfalls unter Herzog Friedrich II. entfernt.

Die seitlich anschließenden vier Pavillons sind in ihrer Gestaltung wesentlich einfacher. Sie rahmen den Mittelbau, sind im Gegensatz zu diesem mit Mansarddächern bedeckt und über Altane miteinander verbunden.[14]

Der Grundriß der herrschaftlichen ersten Etage veranschaulicht die bauliche Struktur der Favorite. Er zeigt einen längsrechteckigen Saal in der Mitte, der sich an den Schmalseiten zu zwei Altanen im Süden und Norden öffnet. An den Längsseiten führen drei Türen zu den westlichen und östlichen Nebenräumen. Im Erdgeschoß liegen ähnlich angeordnete Räume. Während die unter dem Festsaal liegende Sala Terrena noch für den herrschaftlichen Gebrauch gedacht war, dienten die übrigen Räume der Versorgung der Hofgesellschaft.[15]

Schloß Favorite von Südwest

[13] Weber, a.a.O. S. 37, HStA Stuttgart A 248, Bü 2253, 4.5.1718.
[14] Die französischen Fenstertüren erhielten beim Thouretschen Umbau Klappläden, die man aber in den achtziger Jahren entfernte, um das ursprüngliche barocke Ensemble wiederherzustellen.
[15] Heute bilden sie z.T. die Verwalterwohnung von Schloß Favorite.

Beschreibung der Schloßräume

Rundgang

Sala Terrena (Erdgeschoß)
Die ursprüngliche Ausstattung der Stukkateure Diego Carlone und Riccardo Retti von 1719 ist verloren. Die jetzige Dekoration stammt aus dem Jahr 1801 und zeigt eine gemalte dorische Pilastergliederung. Der Lüster und die Bänke entstanden um 1810.

Die Sala Terrena in der Mitte des Erdgeschosses

Über eine „Schneckenstiegon" gelangt man ins Obergeschoß. Sie war zur Erbauungszeit eine interne Verbindungstreppe für die Bedienung der Herrschaften. Die Wirtschaftsräume, also Garderoben, Küche und Anrichte, waren im 18. und frühen 19. Jahrhundert im Erdgeschoß untergebracht. Erst seit der Nutzung des Schlosses als Museum erfolgt der Zugang zur „Etage noble" über diese Dienerschaftstreppe. Der historisch richtige Zugang führt über die Freitreppen direkt in den Festsaal.

Westliche Zimmer (Räume 1–4)
Die westlichen Zimmer wurden 1798 neu dekoriert. Hierfür wurden die barocken Stukkaturen der Wände abgeschliffen, hölzerne Lattengerüste auf die Wände geschraubt und darauf auf grobem Rupfen Papiertapeten aufgeklebt. Diese wurden im August 1798 beim Tapetenhändler Benjamin Nothnagel in Frankfurt bestellt und im September und Dezember desselben Jahres nach Ludwigsburg geliefert. Nothnagel bezog die Tapeten aus der französischen Tapetenfabrik Rèveillon in Paris. Zum Angebot gehörten damals sogenannte Tapetengarnituren. Sie

bestanden aus Bordüren, Rosetten, Gesimsen, Rahmen, Verzierungen, Paneelen etc., die farblich und motivisch aufeinander abgestimmt waren. In der Ludwigsburger Favorite wurden sie dann durch den Hofmaler Holzhey entsprechend der örtlichen Lichtbedingungen schattiert, um die räumliche Wirkung noch zu steigern. Die barocken Decken mit ihrer Stukkierung und den Ölbildern Luca Antonio Colombas wurden beibehalten.

Das südwestliche Zimmer

1. Südwestliches Zimmer (Barockzimmer)
1798 wurde auch dieser Raum mit Papiertapeten ausgestattet, doch waren die Beschädigungen der Stukkaturen hier so gering, daß die ursprüngliche Raumgestaltung wiederhergestellt werden konnte. Nach seiner Restaurierung gibt der Raum einen guten Eindruck von der prachtvollen Innenausstattung der Favorite unter Herzog Eberhard Ludwig.
Den feinen vergoldeten Bandelwerkstuck fertigte Riccardo Retti, das Deckengemälde Luca Antonio Colomba. Thema ist die Darstellung von Kephalos und Prokris. Auch diese Geschichte entstammt der antiken Mythologie: Kephalos und Prokris sind miteinander verheiratet und beide passionierte Jäger. Kephalos wird von Aurora,

der Göttin der Morgenröte, in den Olymp entführt. Als er sich nach Prokris zurücksehnt, rät im Aurora, zuvor die Treue seiner Frau auf die Probe zu stellen. Sie besteht diese Probe nicht und flieht zu König Minos nach Kreta, der ihr einen Jagdhund und einen immer treffenden Speer schenkt. Später kehrt sie zu ihrem Gatten zurück, der sich mit ihr versöhnt. Bei der Wahl des Themas dieser Darstellung wird erneut der enge Bezug zum Jagd- und Lustschloß Favorite deutlich.

Unter Herzog Carl Eugen sollte dieser Raum mit einer Confidenztafel ausgestattet werden. Dies ist vom Erdgeschoß aus an der Deckenstruktur erkennbar.

Riccardo Retti. Stuckdetail aus dem südwestlichen Zimmer, 1718

Ausstattung:
Lüster, französisch um 1775
Kaminspiegel, um 1800
4 Stühle, Eiche vergoldet, 1982 neu bespannt, württembergisch um 1750
2 Stühle, Buche vergoldet, 1982 neu bespannt, württembergisch um 1750
Canapé, Buche vergoldet, 1982 neu bespannt, Stuttgart (?) um 1750
Arbeitstischchen, Rosenholz- und Palisanderfurnier, rot-gelb gefleckter Stuckmarmor, französisch um 1750
Nachttischchen, Rosenholz- und Palisanderfurnier, Léonard Boudin um 1750
Paar ovaler Arbeitstischchen, Rosenholzfurnier, Ahorn-, Buchsbaum-, Palisander-Marketerie, vergoldete Bronze, französisch um 1765
Chinesische Vase, Kang-Hsi-Periode (1662–1722)
Ludwigsburger Porzellanvasen, Landschaftsserie, um 1765
Pendule, weißer Marmor, vergoldete Bronze, Wedgewood-Porzellan, englisch (?) um 1780
Girandolenpaar, Alabaster, Goldbronze und Wedgewood-Porzellan, englisch (?) um 1780

2. Kabinett am südwestlichen Zimmer
Den Deckenstuck fertigte Riccardo Retti im Jahr 1718. Der Stuck an den Wänden wurde 1798 abgeschlagen und durch Papiertapeten ersetzt.

Ausstattung
Stühle, Mahagonifurnier, vergoldete Bronze, Johann Friedrich Klinckerfuß, um 1810, bis 1944 im Neuen Schloß in Stuttgart
Damenbureau, Mahagonifurnier, vergoldete Bronze, um 1810
Pendule, Mahagonifurnier, Gold- und Dunkelbronze, Blei, um 1810
Rundtischchen, Gold- und Dunkelbronze, Marmor, um 1810
Zwei Ziervasen, Gold- und Dunkelbronze, roter Marmor, französisch um 1800/1810
Lüster, 1980

Luca Antonio Colomba. Kephalos und Prokris, 1718

Kabinett am südwestlichen Zimmer

3. Westliches Zimmer
Der barocke Deckenstuck stammt von Riccardo Retti, 1718. Das Deckenbild mit einer Darstellung der Juno mit dem Pfau und weiterer nicht gedeuteter Gestalten wurde wohl erst 1731 angefertigt, möglicherweise von Livio Retti. Hierüber sind keine Akten bekannt. Die Papiertapeten wurden 1798 montiert.

Detail der Papiertapeten von 1798

Das westliche Zimmer

Ausstattung
Zwei Wandtische, Mahagonifurnier, um 1800
Blumentisch, Mahagonifurnier, vergoldete Bronze, um 1800.
Zwei Girandolen, Gold- und Dunkelbronze, französisch um 1810/20
Drei bemalte Blechvasen, um 1810/1820.
Lüster, 1980

4. Nordwestliches Zimmer

Der barocke Deckenstuck ist von Riccardo Retti, 1718. Das Deckengemälde wurde von Luca Antonio Colomba gefertigt und zeigt Meleager und Atalante mit dem Kopf des kalydonischen Ebers. Auch Meleager und Atalante sind ein Liebespaar aus der antiken Mythologie. Beide nehmen an der Jagd auf den gefährlichen kalydonischen Eber teil, den die Jagdgöttin Diana als Strafe dafür sendet, daß ihr beim Erntedankfest kein Opfer gebracht wurde. Atalante trifft den Eber zuerst, doch der Todesstoß wird ihm von Meleager versetzt. Er schenkt Atalante daraufhin den Kopf und das Fell des Ebers.

Die Tapeten für das nordwestliche Zimmer wurden im Dezember 1798 geliefert und im April 1799 angebracht. Hierfür gibt es einen Hinweis auf der mittleren Türfüllung, auf der sich ein Handwerker verewigt hat: „Georg Wetter, den 11. April 1799". Darüber wurde anschließend die Tapete geklebt.

Luca Antonio Colomba. Meleager und Atalante mit dem Kopf des Kalydonischen Ebers, 1718

Das nordwestliche Zimmer

Philipp Jakob Scheffauer.
Der Frühling, 1790

Ausstattung
Lüster, vergoldete Bronze, französisch, um 1800/1810
Ruhebett, Stühle, Tabourets und Scherenstuhl, Mahagonifurnier, bestickter Seidenbezug (Trägerstoff 1976 erneuert), um 1810
Damensekretär, Ahorn, Mahagonifurnier, rot gefärbtes Birkenwurzelfurnier, vergoldete Bronze, J. Klinckerfuß um 1815, bis 1944 im Neuen Schloß in Stuttgart
Standuhr in Gestalt eines Kanonenofens mit Spielwerk, Mahagonifurnier, vergoldete Bronze, J. Klinckerfuß um 1810. Das intakte Spielwerk spielt eine Melodie des braunschweigischen Hofkomponisten Johann Gottfried Schwanberger (1737–1804).
Rundtischchen, Mahagonifurnier, Gold- und Dunkelbronze, Porzellanplatte von Königin Charlotte Mathilde bemalt, um 1810
Spieltisch, sog. Loupe-Tisch, Nußfurnier, grüner Filz, um 1820
Pendule, Mahagoni, vergoldete Bronze, Blei- und Holzappliken, um 1800/1810
Girandolen, Gold- und Dunkelbronze, französisch um 1810

Die Dekoration des Saales und der drei östlichen Zimmer (Räume 5–10)
Anders als die westlichen Zimmer wurden der Saal und die drei östlichen Zimmer 1799 neu ausgestattet. Hier wurden nun die barocken Dekorationen vollständig entfernt, d.h. die Stukkaturen an Wänden und Decken abgeschlagen, die Deckengemälde Colombas abgenommen. Diese Räume präsentieren sich heute in einer frühen klassizistischen Ausstattung. Thouret dekorierte sie in einer feingliedrigen und zarten Form, die er später zugunsten der gravitätischen Schwere des Empire aufgab. Er entwarf die Räume, die vor allem auch durch ihre schönen Wand- und Deckenmalereien beeindrucken, und wurde beim Entwurf der Stuckdecken möglicherweise vom Hofbildhauer Antonio Isopi unterstützt. Die Akten für diese Umbauphase sind nicht überliefert.

5. Der Saal
Die prachtvolle Gestaltung des Saals nach Entwurf von Donato Giuseppe Frisoni von 1718 war Ende des 18. Jahrhunderts so stark beschädigt, daß sich Herzog Friedrich II. von Württemberg entschloß, den Saal neu ausstatten zu lassen. Hierbei wurde auch das Deckengemälde Luca Antonio Colombas mit der Darstellung von Dianas Aufbruch zur Jagd entfernt, denn die Decke mußte vollständig erneuert werden. Man

Philipp Jakob Scheffauer.
Der Sommer, 1790

beließ nun einen Luftraum zwischen der Decke und der Plattform des Belvederes, um erneute Schäden zu vermeiden. Aus diesem Grund überschneidet die Decke heute die Musikerlogen oberhalb der Türen und die Nord- und Südfenster. Die neue Gestaltung des Saals entwarf Nikolaus Friedrich Thouret und ließ sie in den Monaten März bis Juni 1799 ausführen. Hierbei wurde die ursprüngliche bauliche Struktur beibehalten und lediglich die Dekoration verändert. Sie ist nun klassizistisch kühl in weiß und hellblau gefaßt und besteht aus einem Traggerüst von 24 kannelierten ionischen Pilastern, zwischen denen

Johann Heinrich Dannecker.
Der Herbst, 1790

die Türen, Fenstertüren und die Kamine mit den darüber eingeschnittenen Wandnischen angeordnet sind. In diesen stehen lebensgroße Gipsstatuen der vier Jahreszeiten, die 1800 aus Schloß Hohenheim in die Favorito übertragen wurden. Kronprinz Friedrich hatte bereits 1791 Johann Heinrich Dannecker (1758–1841) und Philipp Jakob Scheffauer (1756–1808) den Auftrag zur Anfertigung der Figuren erteilt.

Ausstattung
Statue des Frühlings und Statue des Sommers, Gips, Philipp Jakob Scheffauer, 1790
Statue des Herbstes und Statue des Winters, Gips, Johann Heinrich Dannecker, 1790
Lüster, um 1800

Johann Heinrich Dannecker.
Der Winter, 1790

Runder Eßtisch und zehn Stühle, Mahagonifurnier, Gold- und Dunkelbronze, Bezug erneuert, um 1810
Porzellanservice, vergoldet und mit dem königlich württembergischen Wappen, Paris (?) nach 1806
Girandolenpaar, vergoldete Bronze, Münch und Merz, Stuttgart 1832

6. Kabinett am nordöstlichen Zimmer
Die Ausmalung erfolgte 1799 nach Entwurf von Nikolaus Friedrich Thouret. Die Decke ist in der Art eines Velums, eines antiken Sonnensegels, gestaltet.

Nordöstliches Zimmer
(Jagdzimmer)

7. Das nordöstliche Zimmer (Jagdzimmer)
Die Dekoration der Wände und Decken dieses Raumes bezieht sich auf die Jagd. Anders als bei der barocken Dekoration werden die Bezüge allerdings nicht durch Deckengemälde mit antiken Jägerpaaren hergestellt sondern viel direkter durch die Abbildung von Jagdgehängen, Trophäen, Wildvögeln und Hasen. Sichtbar sind etwa die Schilde und Lanzen für die niedere Jagd, Jagdhörner, Pfeil und Bogen, Schußwaffen und Waldesfrüchte. Diese Dekorationen sind in ein strenges geometrisches System aus Bändern, Friesen und Wandfeldern eingepaßt. Die Decke ist sehr schön, feingliedrig und ornamental stuckiert. Als ausführende Stukkateure werden genannt: Mack, Schweiger und Sägmüller. Sie arbeiteten möglicherweise nach Entwürfen von Isopi, die Wandmalereien stammen dagegen vermutlich von der Hand Thourets.

Ausstattung
Stühle und ein Paar ovaler Tische, Mahagonifurnier, vergoldete Bronze, um 1810

Die Decke des Jagdzimmers, 1799

Rundtischchen, Mahagonifurnier, vergoldete Bronze, Porzellanplatte von Königin Charlotte Mathilde bemalt, um 1810
Statuette: Knieende Genie, vergoldete Bronze, französisch um 1800
Zwei Ziervasen, vergoldete Bronze, französisch um 1810/20
Zwei rotbemalte Blechvasen, um 1810/20
Große Porzellanvase im Typus des Medici-Krater nach Entwurf von Karl Friedrich Schinkel mit Darstellungen der sechs berühmtesten Bauten des Architekten in Berlin, Königlich Preußische Porzellanmanufaktur Berlin, 1837. Geschenk des Berliner Hofes an König Wilhelm I. von Württemberg
Eine original erhaltene Kaminverblendung, Thouret, 1799
Vier neue Lüster

8. Östliches Zimmer
Wandmalereien und Deckenstuck in zarter elfenbeinfarbener, antikischer Gestaltung. Aufgemalte orthogonal geführte Bänder erinnern an Kassettierungen in Gebäuden des römischen Altertums. Sie rahmen die hellblau grundierten Wandfelder mit den antik gewandeten weiblichen Figuren in Grisaillemalerei, die Lanzen, Pfeil und Bogen tragen und damit einen engen Bezug zum Jagdschloß herstellen. Darüber sind die Wandfelder mit ornamentalen und figuralen Reliefs gefüllt, die realistische Schattierungen aufweisen. Die Malerei stammt wahrscheinlich von Thourets Hand, der Deckenstuck wurde möglicherweise nach Entwurf Isopis gefertigt.

Karl Friedrich Schinkel. Porzellanvase, KPM, Berlin, 1837

Das östliche Zimmer

Ausstattung
Mit Ausnahme des Roentgen-Tischchens, der Porzellanvasen und -blumentöpfe war die gesamte Ausstattung des Raumes bis 1944 im Neuen Schloß in Stuttgart.
Sitzmöbel, Rundtisch und Wandtischpaar, Mahagonifurnier, vergoldete Bronze, um 1810
Schreibschrank, Mahagonifurnier mit eingesetzten, von Königin Charlotte Mathilde bemalten Porzellanplatten, 1810/12
Aufsatzschreibtisch, Birkenwurzelfurnier mit eingesetzten, von Königin Charlotte Mathilde bemalten Porzellanplatten, Johann Friedrich Klinckerfuß, 1815/16
Ziertischchen, David (?) Roentgen, um 1790
Ein Paar Ziervasen, Gold- und Dunkelbronze, schwarzer Marmor, französisch um 1800
Ein Paar Brûle Parfum-Leuchter, Gold- und Dunkelbronze, um 1810/20
Bronzen und bemalte Blechvasen 1810/12
Lüster, vergoldete Bronze, um 1800/10
Ludwigsburger Porzellanvasen und -blumentöpfe, bemalt von Königin Charlotte Mathilde, um 1810

9. Südöstliches Zimmer
 (Pompejanisches Zimmer)
Dieses Zimmer ist durch eine terrakottafarbene Wandbemalung wesentlich dunkler als die anderen Räume. Auf den Wandflächen sieht man schwebende Bachantinnen, die Fruchtkörbe und -gehänge tragen. Sie sind gleichfalls in weich fallende, bodenlange antikische Gewänder gehüllt und von Thouret entworfen worden. Die Ausführung übernahm er vielleicht selbst, möglicher-

Johann Friedrich Klinckerfuß.
Schreibschrank, 1810/12

Das Pompejanische Zimmer

weise übertrug er sie auch Sebastian Holzhey. Die Decke ist in der Art eines antiken Sonnensegels, eines Velums, gemalt. Dies war in den 1790er Jahren im französischen Klassizismus en vogue und strahlte von dort in die anderen europäischen Länder aus. Besonders bei der Gestaltung von Theaterbauten griff man auf dieses antike Motiv zurück, mit dem eine eindrucksvolle räumliche Wirkung erzielt werden kann. Der

Die Decke des Südöstlichen Zimmers (Pompejanisches Zimmer)

Malachitschale, Peterhof bei
St. Petersburg, um 1810

Kamin ist mit Täfelchen in der Manier des englischen Biskuitporzellans aus Wedgewood dekoriert, das auch bei der Möbelherstellung um 1800 sehr beliebt war.

Ausstattung
Sitzmöbel und Kaffeetisch, Mahagonifurnier, Gold- und Dunkelbronze, um 1800
Darauf liegendes Tischtableau, Metall, bemalt von Hofmaler Adolf Friedrich Harper (?), um 1800
Ein Paar Zierkannen, Gold- und Dunkelbronze, französisch um 1810
Ziervase, Goldbronze, französisch um 1810
Lüster neu
Malachitschale auf einem Sockel aus Achat, Rhodonit und Korgon-Porphyr im Typus des Labrum aus der Villa des Maecenas in Tivoli, vermutlich nach Hallbergs Entwurf um 1810 in Peterhof bei St. Petersburg gearbeitet. Wahrscheinlich von Königin Olga nach Württemberg gebracht und in der Villa Berg in Stuttgart zur Aufstellung gelangt.

10. Kabinett am südöstlichen Zimmer
Die ornamentale Ausmalung entwarf Nikolaus Friedrich Thourets 1799/1800.

Der Kamin im
Pompejanischen Zimmer

Literaturauswahl

Baumgärtner, Walter. Die Erbauung des Ludwigsburger Schlosses. Ein Beispiel staatlicher Bauwirtschaft des 18. Jahrhunderts. Würzburg 1939.

Belschner, Christian. Favoritepark und Favoriteschloß. In: Vereinsgabe des Historischen Vereins Ludwigsburg. Ludwigsburg 1929.

Berger-Fix, Andrea und Merten, Klaus. Die Gärten der Herzöge von Württemberg im 18. Jahrhundert. Kat. Ausst. Ludwigsburg, Worms 1981.

Burkarth, Axel. Nikolaus von Thouret (1767–1845). Forschungen zum Wirken eines württembergischen Hofarchitekten in der Zeit des Klassizismus. Phil. Diss. Stuttgart 1990 (ungedruckt).

Faerber, Paul. Nikolaus Friedrich von Thouret. Stuttgart 1949.

Fleischhauer, Werner. Barock im Herzogtum Württemberg. Stuttgart 1958.

Köger, Annette. Antonio Isopi (1758–1833). Ein römischer Bildhauer am württembergischen Hof. Phil. Diss. Stuttgart 1995, 2 Bde. Frankfurt 1996.

Merten, Klaus. Schloß Favorite in Ludwigsburg. In: Ludwigsburger Geschichtsblätter 34, 1982, S. 7 ff.

Merten, Klaus. Schloß Ludwigsburg und Schloß Favorite. Amtl. Führer, München Berlin 1989.

Schmidt, Richard. Schloß Ludwigsburg. München 1954.

Szymczyk, Elisabeth. Der Ludwigsburger Schloßgarten. Diss. Stuttgart 1988 (ungedruckt).

Weber, Regina. Das Lustschlößchen Favorite in Ludwigsburg. Magisterarbeit München 1987 (ungedruckt).

Weber-Stephan, Regina. Neue Forschungen zu Schloß Favorite in Ludwigsburg. In: Jahrbuch der Staatlichen Sammlungen in Baden-Württemberg, Bd. 27, 1990, S. 72–90.

Schloß Favorite von Süden

Stammtafel

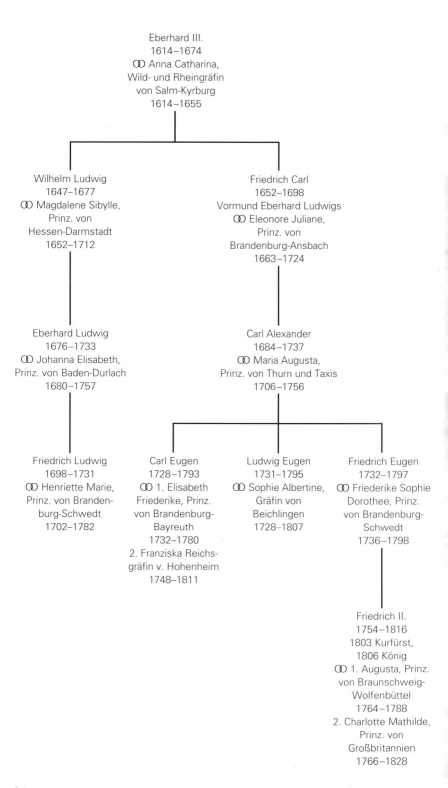